Für

Von

## UNMITTELBAR

Kein Bild, kein Wort kann das Eigenste und Innerste
des Herzens ansprechen wie die Musik, ihre Innigkeit
ist unvergleichlich, sie ist unersetzlich.

*Friedrich Theodor von Vischer*

## UNIVERSAL

Musik ist die gemeinsame Sprache
der Menschheit.

*Henry Wadsworth Longfellow*

## PERSÖNLICHE NOTE

Ich wünsche dir,
dass du im Lied des Lebens
deinen Platz findest und ausfüllst.

Vielleicht bist du ein Ton in der Melodie,
kraftvoll, laut,
verhalten oder zart.
Oder du summst im Bass,
der die nötige Tiefe verleiht.

Vielleicht bist du fröhlich,
du singst und hüpfst
und bringst andere zum Tanzen.
Vielleicht bist du die Synkope,
die drängt und schwingt.
Oder der leise Ton,
bei dem man still wird
und zur Ruhe kommt.

Ich wünsche dir,
dass du der Welt
deine ganz eigene,
deine persönliche Note schenkst.

Wie sonst
sollte ihr Lied vollständig klingen?

*Tina Willms*

GLÜCKSSPENDER

Wer die Musik liebt,
kann nie ganz unglücklich werden.

*Franz Schubert*

Mir fehlt etwas,
wenn ich keine Musik höre,
und wenn ich Musik höre, fehlt mir erst recht etwas.
Dies ist das Beste, was ich über Musik zu sagen weiß.

*Robert Walser*

ZERSTREUUNG

Es gibt zwei Möglichkeiten,
vor dem Elend des Lebens zu flüchten:
Musik und Katzen.

*Albert Schweitzer*

## GELUNGENE KOMPOSITION

Musik beginnt nicht mit dem ersten Ton,
sondern mit der Stille davor.
Und sie endet nicht mit dem letzten Ton,
sondern mit dem Klang der Stille danach.

*Giora Feidmann*

## DUO

Auch die Pause gehört zur Musik.

*Stefan Zweig*

## KLANG DER STILLE

Ich habe keine Angst vor der Stille.
Die Oper hat Momente,
in denen Stille die schönste Musik ist.

*Rolando Villazón*

## GANZ OHR SEIN

Ton für Ton
perlt in mich
ich schließe die Augen
liege und lausche

Mein Blut verwirbelt
die Klänge
Harfe Oboe Gesang
dehnen mein Herz

Endlich
ganz Ohr sein
sich weiten lassen
von Freude

*Doris Bewernitz*

## JAZZGRUND

Weil diese Melodie auch anders
klingen könnte,
weil ins Gewohnte Ungewohntes
dringen könnte,
weil das Erstarrte plötzlich wieder
schwingen könnte
und man noch einmal neu das Leben
singen könnte.

*Jörn Heller*

## ALL THAT SWING

Wenn Musik swingt, dann geht das einem ins Blut.
Man schnippt mit, auch wenn man es gar nicht vorhatte.
Glauben Sie mir: Nichts wirkt so belebend
wie eine swingende Band.

*Paul Kuhn*

# LIED DES LEBENS

Hand in Hand
schlagen wir
die Trommel des Alltags
bringen uns
mal laute mal leise
Flötentöne bei
zupfen liebevoll
ein paar Akkorde
auf unsere Freundschaft
komponieren
mit der Sonne
ein Duett

ein Lied
sind wir

gemeinsam
singen wir
die Melodie
des Lebens

*Cornelia Elke Schray*

## HARMONIE

Überhaupt, was seelenberührend ist, das ist Musik,
das hab ich schon lang in mir erfahren; denn es kann nichts
die Sinne rühren und durch diese die Seele als nur Musik;
was dich bewegt, gibt Klang, der weckt seine Mittöne,
die rühren das Echo doppelt und allseitig, und die ganze
Harmonie erwacht – und zwischen dieser durchwandelt
der Gedanke und wählt sich seine Melodie und offenbart
sich durch die dem Geist. – Das deucht mich die Art, wie
der Gedanke sich dem Geist vermählt.

*Bettina von Arnim*

## BALSAM

Musik hat heilende Kraft. Hat die Fähigkeit,
Leute für ein paar Stunden aus sich herauszuholen.

*Elton John*

## DU BIST KLANG

ich wünsche dir den mut
zu deiner ganz eigenen lebensmelodie
in der deine einzigartigkeit
deine schönheit
deine würde
zum klingen kommt

sei harmonie
dissonanz
stille
wie es für dich stimmt

lass sie selbstbewusst erklingen
auch angesichts
von unverständnis
missfallen
abwertung

vertraue dich ihr an
und lass dich
von ihr tragen
beflügeln
erfüllen

möge ihr klang
freude
und lebenslust
in dir anstimmen

sei beherzt
gern
engagiert
klang
der bunten
vielstimmigen
großartigen
sinfonie des lebens

*Beate Schlumberger*

ERINNERUNG

Musik hat eine wunderbare Kraft,
in einer unbestimmten Art und Weise
die starken Gemütsregungen in uns
wieder wach zu rufen,
welche vor längst vergangenen Zeiten
gefühlt wurden.

*Charles Darwin*

## DUETT

Singt und tanzt zusammen und seid fröhlich,
aber lasst jeden von euch allein sein, so wie die Saiten
einer Laute allein sind und doch
von derselben Musik erzittern.

*Khalil Gibran*

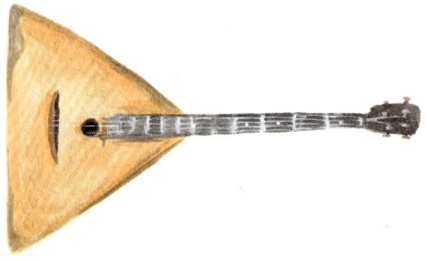

## HINGABE

Die Musik schließt dem Menschen ein unbekanntes Reich
auf, eine Welt, die nichts gemein hat mit der äußeren
Sinnenwelt, die ihn umgibt und in der er alle bestimmten
Gefühle zurücklässt, um sich einer unaussprechlichen
Sehnsucht hinzugeben.

*E. T. A. Hoffmann*

## PASSION

Die Musik ist die Sprache der Leidenschaft.

*Richard Wagner*

## REIZVOLL

Dissonanzen geben der Musik den schönsten Reiz,
wie Schmerzen im Leben.

*Robert Schumann*

## NACH DEINER EIGENEN MELODIE

Leben ist Rhythmus
und Atem und Tanz.
Vom Tag zur Nacht,
von der Ebbe zur Flut,
vom Neumond zum Vollmond.

Weggehen und Ankommen,
Binden und Lösen,
Sammeln und Senden,
Suchen und Finden,
Werden und Vergehen
und Neuwerden.

Dass du durch dein Leben gehst
nach deiner eigenen Melodie,
in deinem eigenen Takt,
das wünsche ich dir.

Dass du weitersuchst,
nach der anderen, fremden,
verborgenen Seite,
nach der besseren Hälfte in dir,
die dich ganz und heil macht.

Dass du weiterträumst
und weitergehst,
wo andere gern stehen bleiben:
bei dem „Einerseits",
bei den Vorurteilen,
bei den Bildern, die wir uns machen:
von dem, was wir sind,
von dem, was Sinn ist,
von dem, was Gott ist
Immer weiter.

*Inge Müller*

# AUS DEM HERZEN

Musik spricht dort, wo Worte fehlen.

*Hans Christian Andersen*

# HIMMLISCH

Die Musik ist die Sprache
der Engel.

*Thomas Carlyle*

LEBENSNOTWENDIG

Ohne Musik wär' alles nichts.

*Wolfgang Amadeus Mozart*

**Textnachweis:**
**Doris Bewernitz**: S. 8 © bei der Autorin. **Jörn Heller**: S. 9 © beim Autor.
**Inge Müller**: S. 16f © bei der Autorin. **Beate Schlumberger**: S. 12f © Erben.
**Cornelia Elke Schray**: S. 10 © bei der Autorin. **Tina Willms**: S. 4f aus: dies.,
Momente, die dem Himmel gehören. Gedanken und Gebete für jeden Tag,
Neukirchener Verlagsgesellschaft 2022 © bei der Autorin.


**Bildnachweis:**
Artnizu, Inspiring, mimibubu, ONYXprj, TairA, alle shutterstock.

Verlagsgruppe Patmos in der Schwabenverlag AG, Ostfildern
Im Alten Rathaus/Hauptstraße 37
D-79427 Eschbach/Markgräflerland

**www.verlag-am-eschbach.de**

Textredaktion: Ilka Osenberg-van Vugt, Verlag am Eschbach
Gestaltung und Satz: Angelika Kraut, Verlag am Eschbach
Kalligrafie: Ulli Wunsch, Wehr
Druck: Gugler GmbH, Melk
Hergestellt in Österreich
ISBN 978-3-98700-031-7